# EXTRA LARGE PRINT SUDOKU

## EASY-TO-READ PUZZLES

SIRIUS

**SIRIUS**

This edition published in 2022 by Sirius Publishing, a division of
Arcturus Publishing Limited,
26/27 Bickels Yard, 151–153 Bermondsey Street,
London SE1 3HA

ISBN: 978-1-3988-1945-0
AD010421NT

Printed in China

# Contents

# An Introduction to Sudoku

Each puzzle begins with a grid in which some numbers are already placed:

|   | 9 | 6 |   |   | 8 |   | 3 |   |
|---|---|---|---|---|---|---|---|---|
|   |   | 1 |   | 4 | 2 |   |   |   |
| 5 |   |   |   |   |   | 8 | 1 | 9 |
| 4 |   | 7 | 1 | 2 |   |   |   | 3 |
|   |   | 8 | 7 |   | 6 | 5 |   |   |
| 2 |   |   |   | 9 | 4 | 6 |   | 1 |
| 8 | 7 | 2 |   |   |   |   |   | 5 |
|   |   |   | 3 | 5 |   | 1 |   |   |
|   | 3 |   | 2 |   |   | 4 | 6 |   |

You need to work out where the other numbers might fit. The numbers used in a sudoku puzzle are 1, 2, 3, 4, 5, 6, 7, 8 and 9 (0 is never used).

For example, in the top left box the number cannot be 9, 6, 8 or 3 (these numbers are already in the top row); nor 5, 4 or 2 (these numbers are already in the far left column); nor 1 (this number is already in the top left box of nine squares), so the number in the top left square is 7, since that is the only possible remaining number.

A completed puzzle is one where every row, every column and every box contains nine different numbers:

Column

↓

| 7 | 9 | 6 | 5 | 1 | 8 | 2 | 3 | 4 |
|---|---|---|---|---|---|---|---|---|
| 3 | 8 | 1 | 9 | 4 | 2 | 7 | 5 | 6 |
| 5 | 2 | 4 | 6 | 7 | 3 | 8 | 1 | 9 |
| 4 | 6 | 7 | 1 | 2 | 5 | 9 | 8 | 3 |
| 9 | 1 | 8 | 7 | 3 | 6 | 5 | 4 | 2 |
| 2 | 5 | 3 | 8 | 9 | 4 | 6 | 7 | 1 |
| 8 | 7 | 2 | 4 | 6 | 1 | 3 | 9 | 5 |
| 6 | 4 | 9 | 3 | 5 | 7 | 1 | 2 | 8 |
| 1 | 3 | 5 | 2 | 8 | 9 | 4 | 6 | 7 |

Row →

Box →

|   | 3 | 6 | 2 |   | 1 | 7 | 4 |   |
|---|---|---|---|---|---|---|---|---|
|   | 7 |   |   | 4 |   |   | 1 |   |
| 1 | 2 |   |   |   | 9 |   | 5 | 6 |
| 4 |   | 8 |   | 3 | 5 |   |   |   |
| 9 |   | 7 |   | 1 |   | 4 |   | 5 |
|   |   |   | 6 | 7 |   | 1 |   | 8 |
| 2 | 4 |   | 1 |   |   |   | 8 | 3 |
|   | 8 |   |   | 2 |   |   | 7 |   |
|   | 9 | 3 | 4 |   | 8 | 5 | 2 |   |

| 4 | 1 | 6 | 9 |   |   |   | 3 |   |
|---|---|---|---|---|---|---|---|---|
|   |   | 8 |   | 3 | 4 |   | 6 |   |
| 2 | 9 |   |   |   | 6 | 7 |   | 5 |
| 6 |   |   |   | 9 |   | 4 | 7 |   |
| 1 |   |   | 3 | 7 | 2 |   |   | 8 |
|   | 3 | 9 |   | 6 |   |   |   | 1 |
| 9 |   | 5 | 7 |   |   |   | 1 | 4 |
|   | 4 |   | 1 | 2 |   | 3 |   |   |
|   | 2 |   |   |   | 5 | 9 | 8 | 7 |

| 1 |   | 7 | 3 | 8 |   |   | 6 |   |
|---|---|---|---|---|---|---|---|---|
| 6 |   |   |   | 4 | 1 |   | 3 | 9 |
|   | 5 | 4 | 7 |   |   |   |   | 2 |
| 2 | 6 | 8 | 9 | 7 | 4 |   |   |   |
|   | 1 |   |   |   |   |   | 4 |   |
|   |   |   | 1 | 2 | 5 | 9 | 8 | 6 |
| 7 |   |   |   |   | 9 | 5 | 2 |   |
| 8 | 2 |   | 4 | 1 |   |   |   | 3 |
|   | 4 |   |   | 5 | 3 | 1 |   | 8 |

| 4 |   |   | 7 | 3 |   | 1 | 2 |   |
|---|---|---|---|---|---|---|---|---|
|   | 6 |   |   | 1 |   | 5 |   | 8 |
| 9 | 3 |   |   |   | 5 | 6 |   | 4 |
|   |   | 4 | 2 |   |   |   |   | 7 |
| 8 | 2 |   | 1 | 7 | 3 |   | 6 | 5 |
| 5 |   |   |   |   | 8 | 9 |   |   |
| 2 |   | 7 | 5 |   |   |   | 9 | 3 |
| 1 |   | 5 |   | 8 |   |   | 4 |   |
|   | 8 | 6 |   | 9 | 7 |   |   | 1 |

| 6 |   |   | 1 | 4 | 8 |   |   | 9 |
|---|---|---|---|---|---|---|---|---|
| 7 | 2 |   |   | 6 |   | 4 | 3 |   |
|   | 8 |   |   |   |   | 5 |   | 6 |
| 9 | 6 | 3 | 2 |   |   |   |   | 7 |
|   |   | 8 | 3 | 7 | 4 | 6 |   |   |
| 2 |   |   |   |   | 6 | 1 | 5 | 3 |
| 5 |   | 6 |   |   |   |   | 2 |   |
|   | 7 | 4 |   | 2 |   |   | 8 | 1 |
| 8 |   |   | 4 | 9 | 3 |   |   | 5 |

| 8 | 9 |   |   | 5 | 2 |   | 6 | 3 |
|---|---|---|---|---|---|---|---|---|
|   | 1 |   | 9 |   |   | 4 |   | 2 |
|   |   | 3 | 8 |   | 4 |   |   | 5 |
|   | 7 | 5 |   | 8 |   |   |   | 9 |
|   |   | 6 | 2 | 7 | 9 | 8 |   |   |
| 1 |   |   |   | 6 |   | 3 | 2 |   |
| 4 |   |   | 6 |   | 7 | 2 |   |   |
| 9 |   | 8 |   |   | 3 |   | 7 |   |
| 7 | 3 |   | 5 | 4 |   |   | 1 | 6 |

| 7 |   |   |   | 9 | 6 | 2 |   | 3 |
|---|---|---|---|---|---|---|---|---|
|   |   |   | 3 |   |   | 8 |   |   |
| 9 | 3 | 4 |   | 5 |   | 6 |   |   |
| 3 | 6 |   | 7 |   | 1 |   | 2 | 8 |
|   | 4 | 7 |   | 2 |   | 9 | 1 |   |
| 5 | 2 |   | 9 |   | 8 |   | 3 | 4 |
|   |   | 3 |   | 8 |   | 4 | 6 | 7 |
|   |   | 5 |   |   | 7 |   |   |   |
| 4 |   | 2 | 6 | 1 |   |   |   | 5 |

|   | 1 |   | 5 | 6 |   | 8 | 7 |   |
|---|---|---|---|---|---|---|---|---|
| 6 | 9 | 5 |   |   |   |   |   | 4 |
|   |   |   | 1 | 4 |   | 2 |   |   |
| 8 |   | 9 | 2 | 5 |   |   |   | 1 |
|   | 2 | 6 | 9 |   | 7 | 4 | 8 |   |
| 5 |   |   |   | 3 | 8 | 7 |   | 2 |
|   |   | 2 |   | 8 | 5 |   |   |   |
| 4 |   |   |   |   |   | 6 | 2 | 3 |
|   | 3 | 7 |   | 2 | 6 |   | 1 |   |

| 2 |   | 7 | 4 |   |   | 3 | 6 | 8 |
|---|---|---|---|---|---|---|---|---|
| 3 | 6 |   |   |   | 2 |   | 7 | 5 |
| 1 |   |   |   | 3 |   |   |   | 2 |
|   | 4 | 2 | 9 | 1 |   |   | 3 |   |
|   |   | 6 |   | 4 |   | 5 |   |   |
|   | 3 |   |   | 7 | 6 | 8 | 2 |   |
| 4 |   |   |   | 8 |   |   |   | 1 |
| 8 | 1 |   | 3 |   |   |   | 9 | 7 |
| 6 | 7 | 9 |   |   | 5 | 4 |   | 3 |

| 8 |   | 5 | 6 |   | 2 |   |   | 1 |
|   | 9 |   |   |   | 7 | 6 |   | 4 |
|   | 7 |   | 4 | 1 |   |   | 8 | 5 |
| 9 |   |   |   | 8 |   | 5 | 4 |   |
|   |   | 8 | 7 | 3 | 4 | 2 |   |   |
|   | 3 | 1 |   | 2 |   |   |   | 7 |
| 3 | 5 |   |   | 6 | 1 |   | 9 |   |
| 7 |   | 2 | 5 |   |   |   | 3 |   |
| 6 |   |   | 3 |   | 8 | 4 |   | 2 |

| | | | 9 | | | 1 | 5 | 6 |
|---|---|---|---|---|---|---|---|---|
| 9 | | 6 | | | 1 | 8 | | |
| | 8 | | | 7 | 3 | | | 4 |
| | | 2 | | 6 | | | 1 | 8 |
| | | 3 | 7 | | 4 | 5 | | |
| 6 | 4 | | | 2 | | 3 | | |
| 5 | | | 8 | 4 | | | 2 | |
| | | 7 | 2 | | | 9 | | 1 |
| 2 | 3 | 8 | | | 6 | | | |

|   |   | 3 | 4 |   |   | 5 |   | 9 |
|---|---|---|---|---|---|---|---|---|
| 2 |   |   | 8 | 6 |   |   | 3 |   |
| 5 | 7 | 4 |   |   | 9 |   |   |   |
| 3 | 4 |   |   | 5 |   | 1 |   |   |
|   |   | 7 | 2 |   | 6 | 8 |   |   |
|   |   | 8 |   | 1 |   |   | 2 | 5 |
|   |   |   | 5 |   |   | 3 | 8 | 1 |
|   | 1 |   |   | 2 | 3 |   |   | 7 |
| 4 |   | 9 |   |   | 1 | 6 |   |   |

| 3 | 1 | 7 |   |   |   | 9 | 2 | 8 |
|---|---|---|---|---|---|---|---|---|
|   |   | 5 | 9 | 8 |   | 7 |   |   |
| 6 |   |   | 2 |   |   |   |   | 3 |
| 7 |   |   |   |   | 6 | 5 |   |   |
|   | 9 |   | 3 |   | 1 |   | 7 |   |
|   |   | 8 | 4 |   |   |   |   | 2 |
| 1 |   |   |   |   | 5 |   |   | 4 |
|   |   | 6 |   | 4 | 2 | 3 |   |   |
| 9 | 5 | 4 |   |   |   | 2 | 1 | 7 |

|   |   | 4 |   |   | 3 |   | 7 |   |
|---|---|---|---|---|---|---|---|---|
| 3 |   | 8 |   |   | 9 | 5 |   | 2 |
| 6 |   |   | 1 | 8 | 7 |   |   | 3 |
|   |   | 1 |   |   | 6 |   | 4 |   |
| 4 |   | 7 |   |   |   | 3 |   | 8 |
|   | 9 |   | 7 |   |   | 2 |   |   |
| 5 |   |   | 2 | 4 | 1 |   |   | 7 |
| 1 |   | 6 | 3 |   |   | 9 |   | 5 |
|   | 2 |   | 6 |   |   | 1 |   |   |

|   | 4 |   | 9 |   |   | 6 |   | 5 |
|---|---|---|---|---|---|---|---|---|
|   |   | 2 | 8 |   |   |   |   | 1 |
|   | 9 |   |   | 1 | 5 |   | 3 | 2 |
| 4 |   |   |   | 3 |   | 2 | 5 |   |
|   |   | 3 | 5 |   | 9 | 8 |   |   |
|   | 7 | 1 |   | 8 |   |   |   | 9 |
| 7 | 2 |   | 1 | 6 |   |   | 4 |   |
| 6 |   |   |   |   | 7 | 5 |   |   |
| 9 |   | 8 |   |   | 2 |   | 7 |   |

| 1 |   | 2 |   | 8 | 4 |   |   | 9 |
|---|---|---|---|---|---|---|---|---|
|   |   |   | 7 |   |   | 6 |   |   |
| 9 | 6 |   |   | 3 |   |   | 8 | 4 |
| 8 | 4 | 5 |   |   | 6 |   | 2 |   |
|   | 7 |   |   |   |   |   | 3 |   |
|   | 2 |   | 5 |   |   | 8 | 6 | 1 |
| 2 | 9 |   |   | 7 |   |   | 5 | 8 |
|   |   | 4 |   |   | 1 |   |   |   |
| 5 |   |   | 2 | 6 |   | 7 |   | 3 |

|   |   | 2 |   | 5 |   |   |   | 3 |
|---|---|---|---|---|---|---|---|---|
|   | 3 |   | 8 |   | 9 | 1 |   |   |
|   | 1 |   | 6 |   | 7 | 8 | 4 |   |
|   | 6 |   | 3 |   |   | 5 |   | 4 |
|   | 4 |   |   | 6 |   |   | 9 |   |
| 7 |   | 8 |   |   | 1 |   | 2 |   |
|   | 9 | 3 | 7 |   | 6 |   | 5 |   |
|   |   | 7 | 4 |   | 2 |   | 3 |   |
| 1 |   |   |   | 9 |   | 4 |   |   |

| 8 | 7 | 3 |   |   |   | 2 |   |   |
|---|---|---|---|---|---|---|---|---|
|   | 1 |   |   |   | 8 |   | 9 | 6 |
|   |   |   |   | 2 | 1 |   |   | 4 |
| 7 |   | 6 |   | 8 | 4 | 1 |   |   |
| 3 |   |   | 9 |   | 7 |   |   | 2 |
|   |   | 8 | 6 | 5 |   | 4 |   | 9 |
| 4 |   |   | 8 | 6 |   |   |   |   |
| 9 | 5 |   | 3 |   |   |   | 1 |   |
|   |   | 2 |   |   |   | 5 | 4 | 3 |

| 1 |   |   | 3 | 6 |   |   |   |   |
|---|---|---|---|---|---|---|---|---|
| 5 |   | 9 | 8 |   |   | 2 |   |   |
|   | 4 |   |   |   |   | 1 | 9 | 8 |
|   | 3 |   | 6 | 9 |   |   | 1 | 5 |
| 8 |   |   | 5 |   | 7 |   |   | 4 |
| 7 | 6 |   |   | 3 | 1 |   | 2 |   |
| 3 | 8 | 7 |   |   |   |   | 4 |   |
|   |   | 2 |   |   | 3 | 5 |   | 6 |
|   |   |   |   | 4 | 2 |   |   | 1 |

|   |   |   | 8 | 3 |   |   | 5 | 4 |
|---|---|---|---|---|---|---|---|---|
|   | 3 | 9 |   |   |   | 2 |   | 1 |
|   | 1 |   |   | 4 |   | 7 |   | 6 |
| 2 |   |   | 5 |   |   | 8 |   |   |
|   | 5 | 7 | 4 |   | 3 | 6 | 1 |   |
|   |   | 6 |   |   | 7 |   |   | 9 |
| 6 |   | 4 |   | 7 |   |   | 2 |   |
| 8 |   | 5 |   |   |   | 3 | 9 |   |
| 1 | 7 |   |   | 9 | 8 |   |   |   |

★ ★

| | 3 | 7 | 4 | 1 | | | | 5 |
|---|---|---|---|---|---|---|---|---|
| | | | 8 | | | | 6 | 3 |
| 6 | | 8 | 7 | | | 4 | | |
| 9 | 2 | | | | 5 | 1 | | |
| | 5 | | 6 | | 7 | | 8 | |
| | | 3 | 9 | | | | 2 | 6 |
| | | 2 | | | 4 | 9 | | 7 |
| 5 | 1 | | | | 9 | | | |
| 7 | | | | 3 | 8 | 2 | 4 | |

|   |   | 6 |   |   | 3 |   | 9 | 4 |
|---|---|---|---|---|---|---|---|---|
|   | 2 |   |   | 4 | 1 |   |   | 5 |
|   | 9 | 8 | 2 |   |   | 1 |   |   |
| 8 | 7 | 9 | 3 | 6 |   |   |   |   |
|   | 5 |   |   |   |   |   | 2 |   |
|   |   |   |   | 9 | 4 | 7 | 8 | 3 |
|   |   | 7 |   |   | 5 | 3 | 1 |   |
| 6 |   |   | 1 | 8 |   |   | 7 |   |
| 2 | 4 |   | 6 |   |   | 9 |   |   |

| | | 8 | 5 | 3 | | | | |
|---|---|---|---|---|---|---|---|---|
| | | 2 | | 7 | | 6 | 5 | 1 |
| | | 9 | | | 1 | | | |
| 9 | 8 | | 4 | | 7 | | 2 | 6 |
| | 6 | 1 | | | | 4 | 3 | |
| 2 | 5 | | 1 | | 3 | | 8 | 7 |
| | | | 2 | | | 7 | | |
| 4 | 2 | 6 | | 9 | | 5 | | |
| | | | | 4 | 5 | 8 | | |

|   |   | 7 | 1 |   |   | 3 |   | 8 |
|---|---|---|---|---|---|---|---|---|
| 1 |   | 6 | 2 | 8 |   |   |   |   |
| 9 |   |   | 5 |   | 3 | 7 |   |   |
|   | 2 |   |   | 6 | 1 |   | 8 |   |
|   | 5 | 3 |   |   |   | 1 | 6 |   |
|   | 6 |   | 3 | 2 |   |   | 4 |   |
|   |   | 4 | 7 |   | 2 |   |   | 1 |
|   |   |   |   | 1 | 4 | 6 |   | 9 |
| 3 |   | 8 |   |   | 9 | 2 |   |   |

| 8 |   |   |   |   | 4 |   | 5 | 7 |
|---|---|---|---|---|---|---|---|---|
|   | 6 | 2 |   |   | 7 |   |   |   |
|   | 5 |   |   | 1 | 9 | 4 |   | 8 |
| 1 |   |   | 7 |   |   | 8 | 3 |   |
|   |   | 6 | 3 |   | 5 | 9 |   |   |
|   | 7 | 8 |   |   | 6 |   |   | 2 |
| 5 |   | 1 | 4 | 2 |   |   | 6 |   |
|   |   |   | 9 |   |   | 3 | 1 |   |
| 9 | 3 |   | 5 |   |   |   |   | 4 |

|   | 4 | 8 |   | 3 | 1 |   | 6 |   |
|---|---|---|---|---|---|---|---|---|
|   |   | 3 | 8 |   |   |   |   | 5 |
| 7 |   | 2 | 4 |   |   |   | 8 |   |
| 1 | 8 |   |   | 7 |   | 2 |   |   |
| 9 |   |   | 2 |   | 5 |   |   | 7 |
|   |   | 6 |   | 9 |   |   | 5 | 4 |
|   | 6 |   |   |   | 2 | 5 |   | 3 |
| 4 |   |   |   |   | 7 | 1 |   |   |
|   | 2 |   | 5 | 1 |   | 4 | 9 |   |

| | 2 | | 8 | | 4 | | 1 | |
|---|---|---|---|---|---|---|---|---|
| | | 9 | | | | 6 | 3 | |
| 7 | | 5 | | 1 | 3 | | 8 | |
| | | | | 3 | 7 | 8 | | 6 |
| 4 | | | 9 | | 8 | | | 2 |
| 8 | | 1 | 4 | 5 | | | | |
| | 1 | | 5 | 2 | | 4 | | 7 |
| | 7 | 6 | | | | 5 | | |
| | 9 | | 7 | | 6 | | 2 | |

| 6 | 7 |   |   |   | 2 |   | 4 | 9 |
|---|---|---|---|---|---|---|---|---|
|   | 8 | 9 | 7 |   |   | 1 | 3 |   |
|   | 1 |   |   | 3 |   |   | 6 |   |
|   |   |   | 9 | 1 |   | 6 |   | 5 |
| 2 |   |   |   |   |   |   |   | 4 |
| 3 |   | 5 |   | 8 | 4 |   |   |   |
|   | 5 |   |   | 7 |   |   | 1 |   |
|   | 2 | 8 |   |   | 5 | 4 | 7 |   |
| 7 | 3 |   | 6 |   |   |   | 5 | 8 |

|   | 5 | 9 |   | 6 |   |   |   | 7 |
|---|---|---|---|---|---|---|---|---|
|   | 1 |   |   | 7 | 2 | 4 | 6 |   |
|   |   |   | 8 |   |   | 2 | 3 | 9 |
| 3 |   |   | 6 | 4 |   |   |   |   |
| 5 |   | 4 |   |   |   | 7 |   | 1 |
|   |   |   |   | 5 | 7 |   |   | 3 |
| 4 | 9 | 2 |   |   | 1 |   |   |   |
|   | 8 | 7 | 3 | 2 |   |   | 5 |   |
| 6 |   |   |   | 9 |   | 8 | 1 |   |

|   | 5 | 1 | 3 |   | 6 | 7 | 9 |   |
|---|---|---|---|---|---|---|---|---|
| 4 |   |   |   | 7 |   |   |   | 3 |
|   |   | 3 | 8 |   | 2 | 1 |   |   |
| 2 |   |   | 6 | 8 | 7 |   |   | 9 |
|   | 3 | 6 |   |   |   | 8 | 2 |   |
| 9 |   |   | 2 | 3 | 4 |   |   | 7 |
|   |   | 4 | 7 |   | 3 | 2 |   |   |
| 5 |   |   |   | 2 |   |   |   | 1 |
|   | 8 | 2 | 5 |   | 9 | 4 | 7 |   |

|   | 6 |   | 8 |   | 4 |   | 7 |   |
|---|---|---|---|---|---|---|---|---|
|   | 4 | 8 |   | 3 |   | 6 | 1 |   |
|   |   | 5 |   |   |   | 8 |   |   |
|   |   |   | 4 |   | 3 |   |   |   |
|   |   | 2 |   |   |   | 4 |   |   |
|   |   |   | 6 |   | 5 |   |   |   |
|   |   | 1 |   |   |   | 2 |   |   |
|   | 9 | 4 |   | 6 |   | 7 | 5 |   |
|   | 7 |   | 1 |   | 2 |   | 3 |   |

| 1 | 3 |   | 8 |   | 5 |   | 7 | 6 |
|---|---|---|---|---|---|---|---|---|
|   |   |   | 7 | 3 | 6 |   |   |   |
|   | 6 |   |   |   |   |   | 8 |   |
| 7 | 9 |   | 6 |   | 3 |   | 2 | 4 |
| 4 |   |   |   |   |   |   |   | 3 |
| 3 | 2 |   | 1 |   | 9 |   | 6 | 7 |
|   | 1 |   |   |   |   |   | 5 |   |
|   |   |   | 2 | 1 | 4 |   |   |   |
| 6 | 4 |   | 3 |   | 8 |   | 1 | 2 |

| | | 1 | 8 | | 9 | 6 | | |
|---|---|---|---|---|---|---|---|---|
| 6 | | 2 | | 3 | | 8 | | 9 |
| 9 | | | | | | | | 4 |
| | | | 3 | | 8 | | | |
| 8 | | | | | | | | 7 |
| | | | 4 | | 6 | | | |
| 7 | | | | | | | | 2 |
| 1 | | 4 | | 6 | | 5 | | 8 |
| | | 3 | 7 | | 2 | 1 | | |

| 8 |   |   | 3 |   | 5 |   |   | 9 |
|---|---|---|---|---|---|---|---|---|
|   |   |   |   | 4 |   |   |   |   |
|   | 3 |   | 2 |   | 8 |   | 5 |   |
| 5 | 7 |   | 1 |   | 4 |   | 9 | 3 |
|   |   | 4 |   | 9 |   | 7 |   |   |
| 3 | 6 |   | 7 |   | 2 |   | 1 | 4 |
|   | 2 |   | 8 |   | 1 |   | 7 |   |
|   |   |   |   | 6 |   |   |   |   |
| 6 |   |   | 5 |   | 7 |   |   | 1 |

| | | | | | | | | |
|---|---|---|---|---|---|---|---|---|
| | | | | 5 | 7 | | 4 | |
| | 6 | 5 | | | | 8 | | |
| | 9 | 2 | | | 8 | 1 | | |
| | | | 8 | | | | 1 | |
| 8 | 2 | | | | | | 9 | 3 |
| | 3 | | | | 6 | | | |
| | | 3 | 6 | | | 9 | 5 | |
| | | 8 | | | | 3 | 7 | |
| | 7 | | 5 | 8 | | | | |

| | 9 | | 4 | | 5 | | 2 | |
|---|---|---|---|---|---|---|---|---|
| 3 | | | | | | | | 1 |
| | | 6 | 1 | | 8 | 7 | | |
| 9 | 4 | | 6 | | 7 | | 8 | 5 |
| | | | | | | | | |
| 2 | 6 | | 5 | | 1 | | 3 | 9 |
| | | 9 | 8 | | 6 | 2 | | |
| 8 | | | | | | | | 4 |
| | 7 | | 3 | | 4 | | 1 | |

| 8 |   |   |   |   |   |   |   | 7 |
|---|---|---|---|---|---|---|---|---|
|   | 1 | 3 |   |   |   | 5 | 4 |   |
| 9 |   |   | 1 |   | 3 |   |   | 8 |
|   | 8 |   |   | 4 |   |   | 5 |   |
| 4 |   |   | 7 |   | 5 |   |   | 2 |
|   | 7 |   |   | 2 |   |   | 6 |   |
| 6 |   |   | 3 |   | 9 |   |   | 1 |
|   | 2 | 7 |   |   |   | 3 | 9 |   |
| 5 |   |   |   |   |   |   |   | 6 |

| | 1 | | | 5 | | | 9 | |
|---|---|---|---|---|---|---|---|---|
| | | 9 | 1 | | 2 | 4 | | |
| 4 | | | 7 | | 8 | | | 5 |
| 2 | 3 | | | | | | 8 | 1 |
| | | 1 | | | | 6 | | |
| 8 | 6 | | | | | | 4 | 9 |
| 9 | | | 5 | | 3 | | | 2 |
| | | 7 | 6 | | 9 | 3 | | |
| | 5 | | | 8 | | | 1 | |

| | | 3 | | 6 | | 5 | 2 | 7 |
|---|---|---|---|---|---|---|---|---|
| | | 8 | 2 | 1 | | | | |
| | | 9 | | | 7 | | | |
| 9 | | | | | | | 3 | |
| | 5 | 7 | | | | 4 | 1 | |
| | 2 | | | | | | | 6 |
| | | | 3 | | | 6 | | |
| | | | | 4 | 2 | 8 | | |
| 4 | 3 | 5 | | 9 | | 2 | | |

|   | 5 |   |   |   |   |   | 1 |   |
|---|---|---|---|---|---|---|---|---|
| 3 |   | 2 |   |   |   | 6 |   | 4 |
| 1 |   |   | 5 |   | 4 |   |   | 3 |
|   |   | 5 |   | 1 |   | 4 |   |   |
| 9 |   |   | 4 |   | 8 |   |   | 6 |
|   |   | 3 |   | 7 |   | 5 |   |   |
| 2 |   |   | 9 |   | 5 |   |   | 8 |
| 5 |   | 6 |   |   |   | 1 |   | 9 |
|   | 8 |   |   |   |   |   | 7 |   |

| | | 3 | 9 | | 6 | | | |
|---|---|---|---|---|---|---|---|---|
| | | | | | 3 | | | 5 |
| | | | | 2 | | | 6 | 1 |
| 7 | | 4 | | | 8 | | | |
| 1 | | | | 6 | | | | 2 |
| | | | 3 | | | 7 | | 6 |
| 5 | 9 | | | 1 | | | | |
| 6 | | | 5 | | | | | |
| | | | 6 | | 4 | 8 | | |

| 4 |   |   | 7 |   | 1 |   |   | 8 |
|---|---|---|---|---|---|---|---|---|
| 1 | 9 |   |   | 4 |   |   | 6 | 5 |
|   |   | 8 |   |   |   | 2 |   |   |
|   | 7 |   |   | 1 |   |   | 5 |   |
|   |   |   | 2 |   | 8 |   |   |   |
|   | 1 |   |   | 6 |   |   | 7 |   |
|   |   | 7 |   |   |   | 6 |   |   |
| 9 | 8 |   |   | 5 |   |   | 3 | 7 |
| 3 |   |   | 9 |   | 7 |   |   | 4 |

| 6 | 3 |   |   |   |   |   | 1 |   |
|---|---|---|---|---|---|---|---|---|
|   | 8 |   |   |   | 9 | 2 |   | 4 |
|   |   | 2 |   | 8 |   |   |   | 5 |
|   | 6 | 9 |   |   | 2 |   |   |   |
|   |   |   |   |   |   |   |   |   |
|   |   |   | 7 |   |   | 1 | 2 |   |
| 5 |   |   |   | 7 |   | 6 |   |   |
| 1 |   | 8 | 3 |   |   |   | 9 |   |
|   | 4 |   |   |   |   |   | 3 | 1 |

|   | 6 |   |   |   |   |   | 1 |   |
|---|---|---|---|---|---|---|---|---|
| 7 |   | 2 |   |   |   | 3 |   | 4 |
| 4 |   |   | 1 |   | 7 |   |   | 6 |
|   |   | 1 |   | 8 |   | 4 |   |   |
| 2 |   |   | 7 |   | 5 |   |   | 9 |
|   |   | 7 |   | 6 |   | 1 |   |   |
| 5 |   |   | 9 |   | 1 |   |   | 3 |
| 9 |   | 6 |   |   |   | 2 |   | 1 |
|   | 8 |   |   |   |   |   | 5 |   |

| | | | 1 | | 8 | | | |
|---|---|---|---|---|---|---|---|---|
| 7 | 1 | | | | | | 4 | 8 |
| | 8 | 5 | | | | 3 | 7 | |
| | | 2 | 4 | | 9 | 1 | | |
| | | | 3 | | 6 | | | |
| | | 8 | 7 | | 2 | 5 | | |
| | 9 | 1 | | | | 4 | 8 | |
| 6 | 3 | | | | | | 9 | 5 |
| | | | 6 | | 5 | | | |

| | | 7 | 1 | 2 | | 6 | | |
|---|---|---|---|---|---|---|---|---|
| | | 2 | | | | 8 | | |
| 5 | | | | | 7 | | | |
| | | | | 5 | | 1 | 4 | |
| | 4 | 5 | 2 | | 3 | 9 | 8 | |
| | 3 | 6 | | 8 | | | | |
| | | | 8 | | | | | 1 |
| | | 3 | | | | 4 | | |
| | | 9 | | 7 | 1 | 2 | | |

| 9 |   | 3 | 1 |   | 7 |   |   |   |
|---|---|---|---|---|---|---|---|---|
|   | 7 |   |   | 9 |   |   |   |   |
| 4 |   | 2 | 3 |   | 6 |   |   |   |
| 2 |   | 1 | 7 |   | 8 |   |   | 6 |
|   | 3 |   |   |   |   |   | 5 |   |
| 6 |   |   | 2 |   | 5 | 1 |   | 3 |
|   |   |   | 8 |   | 3 | 9 |   | 1 |
|   |   |   |   | 7 |   |   | 6 |   |
|   |   |   | 9 |   | 4 | 5 |   | 7 |

| 2 |   |   | 1 |   | 5 |   |   | 8 |
|---|---|---|---|---|---|---|---|---|
|   |   |   |   |   |   |   |   |   |
| 5 | 7 |   |   | 6 |   |   | 3 | 9 |
| 3 |   | 5 |   |   |   | 4 |   | 6 |
|   | 2 | 1 |   |   |   | 9 | 5 |   |
| 8 |   | 7 |   |   |   | 2 |   | 3 |
| 1 | 8 |   |   | 3 |   |   | 6 | 4 |
|   |   |   |   |   |   |   |   |   |
| 4 |   |   | 7 |   | 8 |   |   | 5 |

| | | 2 | | | | 4 | | |
|---|---|---|---|---|---|---|---|---|
| | | 6 | 7 | | 5 | 2 | | |
| 7 | 5 | | | | | | 3 | 9 |
| 2 | | | | 9 | | | | 3 |
| | | 9 | 4 | | 3 | 1 | | |
| 4 | | | | 1 | | | | 8 |
| 1 | 4 | | | | | | 5 | 6 |
| | | 8 | 5 | | 6 | 7 | | |
| | | 3 | | | | 8 | | |

| 7 | 5 |   | 9 |   | 1 |   |   |   |
|---|---|---|---|---|---|---|---|---|
| 6 | 8 |   |   |   | 7 |   |   |   |
|   |   | 9 |   | 8 |   |   |   |   |
| 3 | 6 |   | 5 |   | 2 |   | 7 | 1 |
|   |   | 5 |   |   |   | 6 |   |   |
| 1 | 4 |   | 3 |   | 8 |   | 5 | 9 |
|   |   |   |   | 1 |   | 5 |   |   |
|   |   |   | 7 |   |   |   | 1 | 2 |
|   |   |   | 2 |   | 9 |   | 6 | 4 |

| | | 7 | | | 5 | 1 | | |
|---|---|---|---|---|---|---|---|---|
| 1 | 5 | | | | | | | |
| | | 9 | | | 1 | | | 4 |
| | | 6 | 4 | | | | 9 | 8 |
| | | | 8 | | 7 | | | |
| 5 | 8 | | | | 9 | 6 | | |
| 9 | | | 3 | | | 7 | | |
| | | | | | | | 4 | 1 |
| | | 8 | 5 | | | 2 | | |

| 4 | 1 |   |   |   | 3 |   | 8 |   |
|---|---|---|---|---|---|---|---|---|
|   |   | 2 | 6 |   |   |   |   | 4 |
|   |   | 6 | 8 |   |   |   |   |   |
|   |   |   |   | 8 | 5 |   | 6 | 7 |
|   |   |   |   |   |   |   |   |   |
| 2 | 6 |   | 4 | 1 |   |   |   |   |
|   |   |   |   |   | 4 | 5 |   |   |
| 5 |   |   |   |   | 8 | 2 |   |   |
|   | 2 |   | 3 |   |   |   | 9 | 1 |

| | 2 | | | 5 | | | 6 | 7 |
|---|---|---|---|---|---|---|---|---|
| | | | 8 | | | | | 9 |
| 4 | | 7 | 2 | | | | | |
| 1 | | 9 | 7 | | | | | 3 |
| | | 4 | | | | 1 | | |
| 2 | | | | | 5 | 9 | | 8 |
| | | | | | 1 | 3 | | 5 |
| 3 | | | | | 9 | | | |
| 6 | 9 | | | 7 | | | 1 | |

| | 9 | | | | | 6 | | |
|---|---|---|---|---|---|---|---|---|
| | | | 4 | 2 | 7 | | | |
| | | | 5 | | | | | |
| 5 | | 2 | | | | | | |
| | | 1 | | 3 | | 7 | | |
| | | | | | | 9 | | 8 |
| | | | | | 9 | | | |
| | | | 6 | 1 | 8 | | | |
| | | 4 | | | | | 2 | |

| | | 3 | 1 | | | | | |
|---|---|---|---|---|---|---|---|---|
| 2 | | | | | | | 9 | |
| | 1 | | | 8 | | | 7 | 5 |
| | | | 3 | | 7 | 2 | | |
| | 7 | | | 5 | | | 8 | |
| | | 4 | 8 | | 6 | | | |
| 1 | 9 | | | 7 | | | 4 | |
| | 5 | | | | | | | 8 |
| | | | | | 4 | 6 | | |

| | 2 | | | 6 | | | 9 | 7 |
|---|---|---|---|---|---|---|---|---|
| | | 8 | 2 | | | | | |
| 1 | | | | | | | 5 | |
| | | 4 | 6 | | 3 | | | |
| | 1 | | | 5 | | | 6 | |
| | | | 8 | | 1 | 2 | | |
| | 9 | | | | | | | 4 |
| | | | | | 7 | 3 | | |
| 5 | 6 | | | 1 | | | 7 | |

| | | | | | | 5 | | |
|---|---|---|---|---|---|---|---|---|
| | | 9 | | 3 | 1 | | | |
| | 3 | 7 | 5 | | | | | |
| 1 | | | | 6 | | | 2 | |
| | 4 | | 3 | | 9 | | 5 | |
| | 2 | | | 5 | | | | 8 |
| | | | | | 7 | 9 | 8 | |
| | | | 6 | 4 | | 7 | | |
| | | 4 | | | | | | |

| | 7 | | | | 1 | | | 5 |
|---|---|---|---|---|---|---|---|---|
| | | 4 | 3 | | | 8 | | |
| | 9 | | 5 | | | 4 | | 2 |
| | | | | | | 2 | | 6 |
| | 1 | | | | | | 9 | |
| 3 | | 5 | | | | | | |
| 7 | | 8 | | | 9 | | 4 | |
| | | 9 | | | 3 | 7 | | |
| 1 | | | 4 | | | | 5 | |

★ ★ ★ ★  59

| | | | | | 3 | | | |
|---|---|---|---|---|---|---|---|---|
| | | | | | | | 1 | |
| | 2 | | | 9 | 6 | | | |
| 5 | | 4 | | | | 2 | | |
| | | 1 | | 8 | | 7 | | |
| | | 9 | | | | 3 | | 6 |
| | | | 1 | 7 | | | 4 | |
| | 6 | | | | | | | |
| | | | 5 | | | | | |

|   |   |   | 8 |   | 1 |   |   | 7 |
|---|---|---|---|---|---|---|---|---|
|   | 7 | 3 |   |   |   |   |   |   |
| 5 |   | 4 |   |   |   | 9 |   |   |
|   |   |   |   | 6 |   |   | 2 |   |
| 9 |   |   | 3 |   | 7 |   |   | 1 |
|   | 6 |   |   | 2 |   |   |   |   |
|   |   | 1 |   |   |   | 3 |   | 5 |
|   |   |   |   |   |   | 4 | 6 |   |
| 7 |   |   | 2 |   | 4 |   |   |   |

# 1

| 8 | 3 | 6 | 2 | 5 | 1 | 7 | 4 | 9 |
|---|---|---|---|---|---|---|---|---|
| 5 | 7 | 9 | 3 | 4 | 6 | 8 | 1 | 2 |
| 1 | 2 | 4 | 7 | 8 | 9 | 3 | 5 | 6 |
| 4 | 1 | 8 | 9 | 3 | 5 | 2 | 6 | 7 |
| 9 | 6 | 7 | 8 | 1 | 2 | 4 | 3 | 5 |
| 3 | 5 | 2 | 6 | 7 | 4 | 1 | 9 | 8 |
| 2 | 4 | 5 | 1 | 9 | 7 | 6 | 8 | 3 |
| 6 | 8 | 1 | 5 | 2 | 3 | 9 | 7 | 4 |
| 7 | 9 | 3 | 4 | 6 | 8 | 5 | 2 | 1 |

# 2

| 4 | 1 | 6 | 9 | 5 | 7 | 8 | 3 | 2 |
|---|---|---|---|---|---|---|---|---|
| 5 | 7 | 8 | 2 | 3 | 4 | 1 | 6 | 9 |
| 2 | 9 | 3 | 8 | 1 | 6 | 7 | 4 | 5 |
| 6 | 8 | 2 | 5 | 9 | 1 | 4 | 7 | 3 |
| 1 | 5 | 4 | 3 | 7 | 2 | 6 | 9 | 8 |
| 7 | 3 | 9 | 4 | 6 | 8 | 5 | 2 | 1 |
| 9 | 6 | 5 | 7 | 8 | 3 | 2 | 1 | 4 |
| 8 | 4 | 7 | 1 | 2 | 9 | 3 | 5 | 6 |
| 3 | 2 | 1 | 6 | 4 | 5 | 9 | 8 | 7 |

## 3

| 1 | 9 | 7 | 3 | 8 | 2 | 4 | 6 | 5 |
|---|---|---|---|---|---|---|---|---|
| 6 | 8 | 2 | 5 | 4 | 1 | 7 | 3 | 9 |
| 3 | 5 | 4 | 7 | 9 | 6 | 8 | 1 | 2 |
| 2 | 6 | 8 | 9 | 7 | 4 | 3 | 5 | 1 |
| 5 | 1 | 9 | 6 | 3 | 8 | 2 | 4 | 7 |
| 4 | 7 | 3 | 1 | 2 | 5 | 9 | 8 | 6 |
| 7 | 3 | 1 | 8 | 6 | 9 | 5 | 2 | 4 |
| 8 | 2 | 5 | 4 | 1 | 7 | 6 | 9 | 3 |
| 9 | 4 | 6 | 2 | 5 | 3 | 1 | 7 | 8 |

## 4

| 4 | 5 | 8 | 7 | 3 | 6 | 1 | 2 | 9 |
|---|---|---|---|---|---|---|---|---|
| 7 | 6 | 2 | 9 | 1 | 4 | 5 | 3 | 8 |
| 9 | 3 | 1 | 8 | 2 | 5 | 6 | 7 | 4 |
| 6 | 1 | 4 | 2 | 5 | 9 | 3 | 8 | 7 |
| 8 | 2 | 9 | 1 | 7 | 3 | 4 | 6 | 5 |
| 5 | 7 | 3 | 6 | 4 | 8 | 9 | 1 | 2 |
| 2 | 4 | 7 | 5 | 6 | 1 | 8 | 9 | 3 |
| 1 | 9 | 5 | 3 | 8 | 2 | 7 | 4 | 6 |
| 3 | 8 | 6 | 4 | 9 | 7 | 2 | 5 | 1 |

| 6 | 3 | 5 | 1 | 4 | 8 | 2 | 7 | 9 |
|---|---|---|---|---|---|---|---|---|
| 7 | 2 | 1 | 5 | 6 | 9 | 4 | 3 | 8 |
| 4 | 8 | 9 | 7 | 3 | 2 | 5 | 1 | 6 |
| 9 | 6 | 3 | 2 | 5 | 1 | 8 | 4 | 7 |
| 1 | 5 | 8 | 3 | 7 | 4 | 6 | 9 | 2 |
| 2 | 4 | 7 | 9 | 8 | 6 | 1 | 5 | 3 |
| 5 | 9 | 6 | 8 | 1 | 7 | 3 | 2 | 4 |
| 3 | 7 | 4 | 6 | 2 | 5 | 9 | 8 | 1 |
| 8 | 1 | 2 | 4 | 9 | 3 | 7 | 6 | 5 |

**6**

| 8 | 9 | 4 | 7 | 5 | 2 | 1 | 6 | 3 |
|---|---|---|---|---|---|---|---|---|
| 5 | 1 | 7 | 9 | 3 | 6 | 4 | 8 | 2 |
| 6 | 2 | 3 | 8 | 1 | 4 | 7 | 9 | 5 |
| 2 | 7 | 5 | 3 | 8 | 1 | 6 | 4 | 9 |
| 3 | 4 | 6 | 2 | 7 | 9 | 8 | 5 | 1 |
| 1 | 8 | 9 | 4 | 6 | 5 | 3 | 2 | 7 |
| 4 | 5 | 1 | 6 | 9 | 7 | 2 | 3 | 8 |
| 9 | 6 | 8 | 1 | 2 | 3 | 5 | 7 | 4 |
| 7 | 3 | 2 | 5 | 4 | 8 | 9 | 1 | 6 |

## 7

| 7 | 5 | 8 | 1 | 9 | 6 | 2 | 4 | 3 |
|---|---|---|---|---|---|---|---|---|
| 2 | 1 | 6 | 3 | 7 | 4 | 8 | 5 | 9 |
| 9 | 3 | 4 | 8 | 5 | 2 | 6 | 7 | 1 |
| 3 | 6 | 9 | 7 | 4 | 1 | 5 | 2 | 8 |
| 8 | 4 | 7 | 5 | 2 | 3 | 9 | 1 | 6 |
| 5 | 2 | 1 | 9 | 6 | 8 | 7 | 3 | 4 |
| 1 | 9 | 3 | 2 | 8 | 5 | 4 | 6 | 7 |
| 6 | 8 | 5 | 4 | 3 | 7 | 1 | 9 | 2 |
| 4 | 7 | 2 | 6 | 1 | 9 | 3 | 8 | 5 |

## 8

| 2 | 1 | 4 | 5 | 6 | 3 | 8 | 7 | 9 |
|---|---|---|---|---|---|---|---|---|
| 6 | 9 | 5 | 8 | 7 | 2 | 1 | 3 | 4 |
| 7 | 8 | 3 | 1 | 4 | 9 | 2 | 5 | 6 |
| 8 | 7 | 9 | 2 | 5 | 4 | 3 | 6 | 1 |
| 3 | 2 | 6 | 9 | 1 | 7 | 4 | 8 | 5 |
| 5 | 4 | 1 | 6 | 3 | 8 | 7 | 9 | 2 |
| 1 | 6 | 2 | 3 | 8 | 5 | 9 | 4 | 7 |
| 4 | 5 | 8 | 7 | 9 | 1 | 6 | 2 | 3 |
| 9 | 3 | 7 | 4 | 2 | 6 | 5 | 1 | 8 |

## 9

| 2 | 9 | 7 | 4 | 5 | 1 | 3 | 6 | 8 |
|---|---|---|---|---|---|---|---|---|
| 3 | 6 | 4 | 8 | 9 | 2 | 1 | 7 | 5 |
| 1 | 5 | 8 | 6 | 3 | 7 | 9 | 4 | 2 |
| 5 | 4 | 2 | 9 | 1 | 8 | 7 | 3 | 6 |
| 7 | 8 | 6 | 2 | 4 | 3 | 5 | 1 | 9 |
| 9 | 3 | 1 | 5 | 7 | 6 | 8 | 2 | 4 |
| 4 | 2 | 3 | 7 | 8 | 9 | 6 | 5 | 1 |
| 8 | 1 | 5 | 3 | 6 | 4 | 2 | 9 | 7 |
| 6 | 7 | 9 | 1 | 2 | 5 | 4 | 8 | 3 |

## 10

| 8 | 4 | 5 | 6 | 9 | 2 | 3 | 7 | 1 |
|---|---|---|---|---|---|---|---|---|
| 1 | 9 | 3 | 8 | 5 | 7 | 6 | 2 | 4 |
| 2 | 7 | 6 | 4 | 1 | 3 | 9 | 8 | 5 |
| 9 | 2 | 7 | 1 | 8 | 6 | 5 | 4 | 3 |
| 5 | 6 | 8 | 7 | 3 | 4 | 2 | 1 | 9 |
| 4 | 3 | 1 | 9 | 2 | 5 | 8 | 6 | 7 |
| 3 | 5 | 4 | 2 | 6 | 1 | 7 | 9 | 8 |
| 7 | 8 | 2 | 5 | 4 | 9 | 1 | 3 | 6 |
| 6 | 1 | 9 | 3 | 7 | 8 | 4 | 5 | 2 |

## 11

| 3 | 7 | 4 | 9 | 8 | 2 | 1 | 5 | 6 |
|---|---|---|---|---|---|---|---|---|
| 9 | 2 | 6 | 4 | 5 | 1 | 8 | 3 | 7 |
| 1 | 8 | 5 | 6 | 7 | 3 | 2 | 9 | 4 |
| 7 | 5 | 2 | 3 | 6 | 9 | 4 | 1 | 8 |
| 8 | 9 | 3 | 7 | 1 | 4 | 5 | 6 | 2 |
| 6 | 4 | 1 | 5 | 2 | 8 | 3 | 7 | 9 |
| 5 | 1 | 9 | 8 | 4 | 7 | 6 | 2 | 3 |
| 4 | 6 | 7 | 2 | 3 | 5 | 9 | 8 | 1 |
| 2 | 3 | 8 | 1 | 9 | 6 | 7 | 4 | 5 |

## 12

| 6 | 8 | 3 | 4 | 7 | 2 | 5 | 1 | 9 |
|---|---|---|---|---|---|---|---|---|
| 2 | 9 | 1 | 8 | 6 | 5 | 7 | 3 | 4 |
| 5 | 7 | 4 | 1 | 3 | 9 | 2 | 6 | 8 |
| 3 | 4 | 2 | 9 | 5 | 8 | 1 | 7 | 6 |
| 1 | 5 | 7 | 2 | 4 | 6 | 8 | 9 | 3 |
| 9 | 6 | 8 | 3 | 1 | 7 | 4 | 2 | 5 |
| 7 | 2 | 6 | 5 | 9 | 4 | 3 | 8 | 1 |
| 8 | 1 | 5 | 6 | 2 | 3 | 9 | 4 | 7 |
| 4 | 3 | 9 | 7 | 8 | 1 | 6 | 5 | 2 |

## 13

| 3 | 1 | 7 | 5 | 6 | 4 | 9 | 2 | 8 |
|---|---|---|---|---|---|---|---|---|
| 2 | 4 | 5 | 9 | 8 | 3 | 7 | 6 | 1 |
| 6 | 8 | 9 | 2 | 1 | 7 | 4 | 5 | 3 |
| 7 | 3 | 1 | 8 | 2 | 6 | 5 | 4 | 9 |
| 4 | 9 | 2 | 3 | 5 | 1 | 8 | 7 | 6 |
| 5 | 6 | 8 | 4 | 7 | 9 | 1 | 3 | 2 |
| 1 | 2 | 3 | 7 | 9 | 5 | 6 | 8 | 4 |
| 8 | 7 | 6 | 1 | 4 | 2 | 3 | 9 | 5 |
| 9 | 5 | 4 | 6 | 3 | 8 | 2 | 1 | 7 |

## 14

| 9 | 1 | 4 | 5 | 2 | 3 | 8 | 7 | 6 |
|---|---|---|---|---|---|---|---|---|
| 3 | 7 | 8 | 4 | 6 | 9 | 5 | 1 | 2 |
| 6 | 5 | 2 | 1 | 8 | 7 | 4 | 9 | 3 |
| 2 | 3 | 1 | 8 | 5 | 6 | 7 | 4 | 9 |
| 4 | 6 | 7 | 9 | 1 | 2 | 3 | 5 | 8 |
| 8 | 9 | 5 | 7 | 3 | 4 | 2 | 6 | 1 |
| 5 | 8 | 9 | 2 | 4 | 1 | 6 | 3 | 7 |
| 1 | 4 | 6 | 3 | 7 | 8 | 9 | 2 | 5 |
| 7 | 2 | 3 | 6 | 9 | 5 | 1 | 8 | 4 |

## 15

| 1 | 4 | 7 | 9 | 2 | 3 | 6 | 8 | 5 |
|---|---|---|---|---|---|---|---|---|
| 3 | 5 | 2 | 8 | 4 | 6 | 7 | 9 | 1 |
| 8 | 9 | 6 | 7 | 1 | 5 | 4 | 3 | 2 |
| 4 | 8 | 9 | 6 | 3 | 1 | 2 | 5 | 7 |
| 2 | 6 | 3 | 5 | 7 | 9 | 8 | 1 | 4 |
| 5 | 7 | 1 | 2 | 8 | 4 | 3 | 6 | 9 |
| 7 | 2 | 5 | 1 | 6 | 8 | 9 | 4 | 3 |
| 6 | 1 | 4 | 3 | 9 | 7 | 5 | 2 | 8 |
| 9 | 3 | 8 | 4 | 5 | 2 | 1 | 7 | 6 |

## 16

| 1 | 5 | 2 | 6 | 8 | 4 | 3 | 7 | 9 |
|---|---|---|---|---|---|---|---|---|
| 4 | 8 | 3 | 7 | 9 | 5 | 6 | 1 | 2 |
| 9 | 6 | 7 | 1 | 3 | 2 | 5 | 8 | 4 |
| 8 | 4 | 5 | 3 | 1 | 6 | 9 | 2 | 7 |
| 6 | 7 | 1 | 9 | 2 | 8 | 4 | 3 | 5 |
| 3 | 2 | 9 | 5 | 4 | 7 | 8 | 6 | 1 |
| 2 | 9 | 6 | 4 | 7 | 3 | 1 | 5 | 8 |
| 7 | 3 | 4 | 8 | 5 | 1 | 2 | 9 | 6 |
| 5 | 1 | 8 | 2 | 6 | 9 | 7 | 4 | 3 |

| 8 | 7 | 2 | 1 | 5 | 4 | 9 | 6 | 3 |
|---|---|---|---|---|---|---|---|---|
| 6 | 3 | 4 | 8 | 2 | 9 | 1 | 7 | 5 |
| 9 | 1 | 5 | 6 | 3 | 7 | 8 | 4 | 2 |
| 2 | 6 | 9 | 3 | 7 | 8 | 5 | 1 | 4 |
| 3 | 4 | 1 | 2 | 6 | 5 | 7 | 9 | 8 |
| 7 | 5 | 8 | 9 | 4 | 1 | 3 | 2 | 6 |
| 4 | 9 | 3 | 7 | 8 | 6 | 2 | 5 | 1 |
| 5 | 8 | 7 | 4 | 1 | 2 | 6 | 3 | 9 |
| 1 | 2 | 6 | 5 | 9 | 3 | 4 | 8 | 7 |

## 18

| 8 | 7 | 3 | 4 | 9 | 6 | 2 | 5 | 1 |
|---|---|---|---|---|---|---|---|---|
| 2 | 1 | 4 | 5 | 3 | 8 | 7 | 9 | 6 |
| 5 | 6 | 9 | 7 | 2 | 1 | 3 | 8 | 4 |
| 7 | 9 | 6 | 2 | 8 | 4 | 1 | 3 | 5 |
| 3 | 4 | 5 | 9 | 1 | 7 | 8 | 6 | 2 |
| 1 | 2 | 8 | 6 | 5 | 3 | 4 | 7 | 9 |
| 4 | 3 | 1 | 8 | 6 | 5 | 9 | 2 | 7 |
| 9 | 5 | 7 | 3 | 4 | 2 | 6 | 1 | 8 |
| 6 | 8 | 2 | 1 | 7 | 9 | 5 | 4 | 3 |

## 19

| 1 | 2 | 8 | 3 | 6 | 9 | 4 | 5 | 7 |
|---|---|---|---|---|---|---|---|---|
| 5 | 7 | 9 | 8 | 1 | 4 | 2 | 6 | 3 |
| 6 | 4 | 3 | 2 | 7 | 5 | 1 | 9 | 8 |
| 2 | 3 | 4 | 6 | 9 | 8 | 7 | 1 | 5 |
| 8 | 9 | 1 | 5 | 2 | 7 | 6 | 3 | 4 |
| 7 | 6 | 5 | 4 | 3 | 1 | 8 | 2 | 9 |
| 3 | 8 | 7 | 1 | 5 | 6 | 9 | 4 | 2 |
| 4 | 1 | 2 | 9 | 8 | 3 | 5 | 7 | 6 |
| 9 | 5 | 6 | 7 | 4 | 2 | 3 | 8 | 1 |

## 20

| 7 | 6 | 2 | 8 | 3 | 1 | 9 | 5 | 4 |
|---|---|---|---|---|---|---|---|---|
| 4 | 3 | 9 | 7 | 5 | 6 | 2 | 8 | 1 |
| 5 | 1 | 8 | 9 | 4 | 2 | 7 | 3 | 6 |
| 2 | 4 | 1 | 5 | 6 | 9 | 8 | 7 | 3 |
| 9 | 5 | 7 | 4 | 8 | 3 | 6 | 1 | 2 |
| 3 | 8 | 6 | 1 | 2 | 7 | 5 | 4 | 9 |
| 6 | 9 | 4 | 3 | 7 | 5 | 1 | 2 | 8 |
| 8 | 2 | 5 | 6 | 1 | 4 | 3 | 9 | 7 |
| 1 | 7 | 3 | 2 | 9 | 8 | 4 | 6 | 5 |

| 2 | 3 | 7 | 4 | 1 | 6 | 8 | 9 | 5 |
|---|---|---|---|---|---|---|---|---|
| 1 | 4 | 5 | 8 | 9 | 2 | 7 | 6 | 3 |
| 6 | 9 | 8 | 7 | 5 | 3 | 4 | 1 | 2 |
| 9 | 2 | 6 | 3 | 8 | 5 | 1 | 7 | 4 |
| 4 | 5 | 1 | 6 | 2 | 7 | 3 | 8 | 9 |
| 8 | 7 | 3 | 9 | 4 | 1 | 5 | 2 | 6 |
| 3 | 8 | 2 | 1 | 6 | 4 | 9 | 5 | 7 |
| 5 | 1 | 4 | 2 | 7 | 9 | 6 | 3 | 8 |
| 7 | 6 | 9 | 5 | 3 | 8 | 2 | 4 | 1 |

| 5 | 1 | 6 | 8 | 7 | 3 | 2 | 9 | 4 |
|---|---|---|---|---|---|---|---|---|
| 7 | 2 | 3 | 9 | 4 | 1 | 8 | 6 | 5 |
| 4 | 9 | 8 | 2 | 5 | 6 | 1 | 3 | 7 |
| 8 | 7 | 9 | 3 | 6 | 2 | 5 | 4 | 1 |
| 3 | 5 | 4 | 7 | 1 | 8 | 6 | 2 | 9 |
| 1 | 6 | 2 | 5 | 9 | 4 | 7 | 8 | 3 |
| 9 | 8 | 7 | 4 | 2 | 5 | 3 | 1 | 6 |
| 6 | 3 | 5 | 1 | 8 | 9 | 4 | 7 | 2 |
| 2 | 4 | 1 | 6 | 3 | 7 | 9 | 5 | 8 |

## 23

| 6 | 1 | 8 | 5 | 3 | 4 | 2 | 7 | 9 |
|---|---|---|---|---|---|---|---|---|
| 3 | 4 | 2 | 8 | 7 | 9 | 6 | 5 | 1 |
| 5 | 7 | 9 | 6 | 2 | 1 | 3 | 4 | 8 |
| 9 | 8 | 3 | 4 | 5 | 7 | 1 | 2 | 6 |
| 7 | 6 | 1 | 9 | 8 | 2 | 4 | 3 | 5 |
| 2 | 5 | 4 | 1 | 6 | 3 | 9 | 8 | 7 |
| 8 | 3 | 5 | 2 | 1 | 6 | 7 | 9 | 4 |
| 4 | 2 | 6 | 7 | 9 | 8 | 5 | 1 | 3 |
| 1 | 9 | 7 | 3 | 4 | 5 | 8 | 6 | 2 |

## 24

| 5 | 4 | 7 | 1 | 9 | 6 | 3 | 2 | 8 |
|---|---|---|---|---|---|---|---|---|
| 1 | 3 | 6 | 2 | 8 | 7 | 4 | 9 | 5 |
| 9 | 8 | 2 | 5 | 4 | 3 | 7 | 1 | 6 |
| 7 | 2 | 9 | 4 | 6 | 1 | 5 | 8 | 3 |
| 4 | 5 | 3 | 9 | 7 | 8 | 1 | 6 | 2 |
| 8 | 6 | 1 | 3 | 2 | 5 | 9 | 4 | 7 |
| 6 | 9 | 4 | 7 | 3 | 2 | 8 | 5 | 1 |
| 2 | 7 | 5 | 8 | 1 | 4 | 6 | 3 | 9 |
| 3 | 1 | 8 | 6 | 5 | 9 | 2 | 7 | 4 |

| 8 | 1 | 9 | 2 | 3 | 4 | 6 | 5 | 7 |
|---|---|---|---|---|---|---|---|---|
| 4 | 6 | 2 | 8 | 5 | 7 | 1 | 9 | 3 |
| 7 | 5 | 3 | 6 | 1 | 9 | 4 | 2 | 8 |
| 1 | 9 | 5 | 7 | 4 | 2 | 8 | 3 | 6 |
| 2 | 4 | 6 | 3 | 8 | 5 | 9 | 7 | 1 |
| 3 | 7 | 8 | 1 | 9 | 6 | 5 | 4 | 2 |
| 5 | 8 | 1 | 4 | 2 | 3 | 7 | 6 | 9 |
| 6 | 2 | 4 | 9 | 7 | 8 | 3 | 1 | 5 |
| 9 | 3 | 7 | 5 | 6 | 1 | 2 | 8 | 4 |

## 26

| 5 | 4 | 8 | 7 | 3 | 1 | 9 | 6 | 2 |
|---|---|---|---|---|---|---|---|---|
| 6 | 1 | 3 | 8 | 2 | 9 | 7 | 4 | 5 |
| 7 | 9 | 2 | 4 | 5 | 6 | 3 | 8 | 1 |
| 1 | 8 | 5 | 6 | 7 | 4 | 2 | 3 | 9 |
| 9 | 3 | 4 | 2 | 8 | 5 | 6 | 1 | 7 |
| 2 | 7 | 6 | 1 | 9 | 3 | 8 | 5 | 4 |
| 8 | 6 | 1 | 9 | 4 | 2 | 5 | 7 | 3 |
| 4 | 5 | 9 | 3 | 6 | 7 | 1 | 2 | 8 |
| 3 | 2 | 7 | 5 | 1 | 8 | 4 | 9 | 6 |

## 27

| 6 | 2 | 3 | 8 | 9 | 4 | 7 | 1 | 5 |
| 1 | 8 | 9 | 2 | 7 | 5 | 6 | 3 | 4 |
| 7 | 4 | 5 | 6 | 1 | 3 | 2 | 8 | 9 |
| 9 | 5 | 2 | 1 | 3 | 7 | 8 | 4 | 6 |
| 4 | 3 | 7 | 9 | 6 | 8 | 1 | 5 | 2 |
| 8 | 6 | 1 | 4 | 5 | 2 | 9 | 7 | 3 |
| 3 | 1 | 8 | 5 | 2 | 9 | 4 | 6 | 7 |
| 2 | 7 | 6 | 3 | 4 | 1 | 5 | 9 | 8 |
| 5 | 9 | 4 | 7 | 8 | 6 | 3 | 2 | 1 |

## 28

| 6 | 7 | 3 | 1 | 5 | 2 | 8 | 4 | 9 |
| 5 | 8 | 9 | 7 | 4 | 6 | 1 | 3 | 2 |
| 4 | 1 | 2 | 8 | 3 | 9 | 5 | 6 | 7 |
| 8 | 4 | 7 | 9 | 1 | 3 | 6 | 2 | 5 |
| 2 | 9 | 1 | 5 | 6 | 7 | 3 | 8 | 4 |
| 3 | 6 | 5 | 2 | 8 | 4 | 7 | 9 | 1 |
| 9 | 5 | 6 | 4 | 7 | 8 | 2 | 1 | 3 |
| 1 | 2 | 8 | 3 | 9 | 5 | 4 | 7 | 6 |
| 7 | 3 | 4 | 6 | 2 | 1 | 9 | 5 | 8 |

| 2 | 5 | 9 | 4 | 6 | 3 | 1 | 8 | 7 |
| 8 | 1 | 3 | 9 | 7 | 2 | 4 | 6 | 5 |
| 7 | 4 | 6 | 8 | 1 | 5 | 2 | 3 | 9 |
| 3 | 7 | 1 | 6 | 4 | 9 | 5 | 2 | 8 |
| 5 | 6 | 4 | 2 | 3 | 8 | 7 | 9 | 1 |
| 9 | 2 | 8 | 1 | 5 | 7 | 6 | 4 | 3 |
| 4 | 9 | 2 | 5 | 8 | 1 | 3 | 7 | 6 |
| 1 | 8 | 7 | 3 | 2 | 6 | 9 | 5 | 4 |
| 6 | 3 | 5 | 7 | 9 | 4 | 8 | 1 | 2 |

## 30

| 8 | 5 | 1 | 3 | 4 | 6 | 7 | 9 | 2 |
| 4 | 2 | 9 | 1 | 7 | 5 | 6 | 8 | 3 |
| 6 | 7 | 3 | 8 | 9 | 2 | 1 | 4 | 5 |
| 2 | 4 | 5 | 6 | 8 | 7 | 3 | 1 | 9 |
| 7 | 3 | 6 | 9 | 5 | 1 | 8 | 2 | 4 |
| 9 | 1 | 8 | 2 | 3 | 4 | 5 | 6 | 7 |
| 1 | 9 | 4 | 7 | 6 | 3 | 2 | 5 | 8 |
| 5 | 6 | 7 | 4 | 2 | 8 | 9 | 3 | 1 |
| 3 | 8 | 2 | 5 | 1 | 9 | 4 | 7 | 6 |

## 31

| 1 | 6 | 9 | 8 | 5 | 4 | 3 | 7 | 2 |
|---|---|---|---|---|---|---|---|---|
| 7 | 4 | 8 | 2 | 3 | 9 | 6 | 1 | 5 |
| 3 | 2 | 5 | 7 | 1 | 6 | 8 | 4 | 9 |
| 9 | 1 | 7 | 4 | 8 | 3 | 5 | 2 | 6 |
| 6 | 5 | 2 | 9 | 7 | 1 | 4 | 8 | 3 |
| 4 | 8 | 3 | 6 | 2 | 5 | 1 | 9 | 7 |
| 8 | 3 | 1 | 5 | 9 | 7 | 2 | 6 | 4 |
| 2 | 9 | 4 | 3 | 6 | 8 | 7 | 5 | 1 |
| 5 | 7 | 6 | 1 | 4 | 2 | 9 | 3 | 8 |

## 32

| 1 | 3 | 4 | 8 | 9 | 5 | 2 | 7 | 6 |
|---|---|---|---|---|---|---|---|---|
| 8 | 5 | 2 | 7 | 3 | 6 | 9 | 4 | 1 |
| 9 | 6 | 7 | 4 | 2 | 1 | 3 | 8 | 5 |
| 7 | 9 | 1 | 6 | 8 | 3 | 5 | 2 | 4 |
| 4 | 8 | 6 | 5 | 7 | 2 | 1 | 9 | 3 |
| 3 | 2 | 5 | 1 | 4 | 9 | 8 | 6 | 7 |
| 2 | 1 | 3 | 9 | 6 | 7 | 4 | 5 | 8 |
| 5 | 7 | 8 | 2 | 1 | 4 | 6 | 3 | 9 |
| 6 | 4 | 9 | 3 | 5 | 8 | 7 | 1 | 2 |

| 3 | 7 | 1 | 8 | 4 | 9 | 6 | 2 | 5 |
| 6 | 4 | 2 | 5 | 3 | 7 | 8 | 1 | 9 |
| 9 | 5 | 8 | 6 | 2 | 1 | 7 | 3 | 4 |
| 4 | 6 | 7 | 3 | 9 | 8 | 2 | 5 | 1 |
| 8 | 3 | 9 | 2 | 1 | 5 | 4 | 6 | 7 |
| 2 | 1 | 5 | 4 | 7 | 6 | 9 | 8 | 3 |
| 7 | 8 | 6 | 1 | 5 | 4 | 3 | 9 | 2 |
| 1 | 2 | 4 | 9 | 6 | 3 | 5 | 7 | 8 |
| 5 | 9 | 3 | 7 | 8 | 2 | 1 | 4 | 6 |

## 34

| 8 | 4 | 1 | 3 | 7 | 5 | 2 | 6 | 9 |
| 2 | 5 | 7 | 9 | 4 | 6 | 1 | 3 | 8 |
| 9 | 3 | 6 | 2 | 1 | 8 | 4 | 5 | 7 |
| 5 | 7 | 2 | 1 | 8 | 4 | 6 | 9 | 3 |
| 1 | 8 | 4 | 6 | 9 | 3 | 7 | 2 | 5 |
| 3 | 6 | 9 | 7 | 5 | 2 | 8 | 1 | 4 |
| 4 | 2 | 5 | 8 | 3 | 1 | 9 | 7 | 6 |
| 7 | 1 | 3 | 4 | 6 | 9 | 5 | 8 | 2 |
| 6 | 9 | 8 | 5 | 2 | 7 | 3 | 4 | 1 |

## 35

| 3 | 8 | 1 | 2 | 5 | 7 | 6 | 4 | 9 |
|---|---|---|---|---|---|---|---|---|
| 4 | 6 | 5 | 3 | 9 | 1 | 8 | 2 | 7 |
| 7 | 9 | 2 | 4 | 6 | 8 | 1 | 3 | 5 |
| 5 | 4 | 9 | 8 | 3 | 2 | 7 | 1 | 6 |
| 8 | 2 | 6 | 7 | 1 | 5 | 4 | 9 | 3 |
| 1 | 3 | 7 | 9 | 4 | 6 | 5 | 8 | 2 |
| 2 | 1 | 3 | 6 | 7 | 4 | 9 | 5 | 8 |
| 6 | 5 | 8 | 1 | 2 | 9 | 3 | 7 | 4 |
| 9 | 7 | 4 | 5 | 8 | 3 | 2 | 6 | 1 |

## 36

| 7 | 9 | 1 | 4 | 3 | 5 | 8 | 2 | 6 |
|---|---|---|---|---|---|---|---|---|
| 3 | 8 | 4 | 7 | 6 | 2 | 5 | 9 | 1 |
| 5 | 2 | 6 | 1 | 9 | 8 | 7 | 4 | 3 |
| 9 | 4 | 3 | 6 | 2 | 7 | 1 | 8 | 5 |
| 1 | 5 | 8 | 9 | 4 | 3 | 6 | 7 | 2 |
| 2 | 6 | 7 | 5 | 8 | 1 | 4 | 3 | 9 |
| 4 | 3 | 9 | 8 | 1 | 6 | 2 | 5 | 7 |
| 8 | 1 | 5 | 2 | 7 | 9 | 3 | 6 | 4 |
| 6 | 7 | 2 | 3 | 5 | 4 | 9 | 1 | 8 |

| 8 | 6 | 2 | 5 | 9 | 4 | 1 | 3 | 7 |
|---|---|---|---|---|---|---|---|---|
| 7 | 1 | 3 | 6 | 8 | 2 | 5 | 4 | 9 |
| 9 | 5 | 4 | 1 | 7 | 3 | 6 | 2 | 8 |
| 2 | 8 | 1 | 9 | 4 | 6 | 7 | 5 | 3 |
| 4 | 9 | 6 | 7 | 3 | 5 | 8 | 1 | 2 |
| 3 | 7 | 5 | 8 | 2 | 1 | 9 | 6 | 4 |
| 6 | 4 | 8 | 3 | 5 | 9 | 2 | 7 | 1 |
| 1 | 2 | 7 | 4 | 6 | 8 | 3 | 9 | 5 |
| 5 | 3 | 9 | 2 | 1 | 7 | 4 | 8 | 6 |

## 38

| 6 | 1 | 8 | 3 | 5 | 4 | 2 | 9 | 7 |
|---|---|---|---|---|---|---|---|---|
| 5 | 7 | 9 | 1 | 6 | 2 | 4 | 3 | 8 |
| 4 | 2 | 3 | 7 | 9 | 8 | 1 | 6 | 5 |
| 2 | 3 | 4 | 9 | 7 | 6 | 5 | 8 | 1 |
| 7 | 9 | 1 | 8 | 4 | 5 | 6 | 2 | 3 |
| 8 | 6 | 5 | 2 | 3 | 1 | 7 | 4 | 9 |
| 9 | 4 | 6 | 5 | 1 | 3 | 8 | 7 | 2 |
| 1 | 8 | 7 | 6 | 2 | 9 | 3 | 5 | 4 |
| 3 | 5 | 2 | 4 | 8 | 7 | 9 | 1 | 6 |

## 39

| 1 | 4 | 3 | 8 | 6 | 9 | 5 | 2 | 7 |
| 5 | 7 | 8 | 2 | 1 | 4 | 3 | 6 | 9 |
| 2 | 6 | 9 | 5 | 3 | 7 | 1 | 4 | 8 |
| 9 | 8 | 1 | 4 | 2 | 6 | 7 | 3 | 5 |
| 6 | 5 | 7 | 9 | 8 | 3 | 4 | 1 | 2 |
| 3 | 2 | 4 | 7 | 5 | 1 | 9 | 8 | 6 |
| 8 | 1 | 2 | 3 | 7 | 5 | 6 | 9 | 4 |
| 7 | 9 | 6 | 1 | 4 | 2 | 8 | 5 | 3 |
| 4 | 3 | 5 | 6 | 9 | 8 | 2 | 7 | 1 |

## 40

| 6 | 5 | 4 | 2 | 9 | 3 | 8 | 1 | 7 |
| 3 | 9 | 2 | 7 | 8 | 1 | 6 | 5 | 4 |
| 1 | 7 | 8 | 5 | 6 | 4 | 9 | 2 | 3 |
| 7 | 6 | 5 | 3 | 1 | 9 | 4 | 8 | 2 |
| 9 | 2 | 1 | 4 | 5 | 8 | 7 | 3 | 6 |
| 8 | 4 | 3 | 6 | 7 | 2 | 5 | 9 | 1 |
| 2 | 1 | 7 | 9 | 4 | 5 | 3 | 6 | 8 |
| 5 | 3 | 6 | 8 | 2 | 7 | 1 | 4 | 9 |
| 4 | 8 | 9 | 1 | 3 | 6 | 2 | 7 | 5 |

## 41

| 4 | 1 | 3 | 9 | 5 | 6 | 2 | 7 | 8 |
|---|---|---|---|---|---|---|---|---|
| 2 | 7 | 6 | 1 | 8 | 3 | 9 | 4 | 5 |
| 9 | 8 | 5 | 4 | 2 | 7 | 3 | 6 | 1 |
| 7 | 6 | 4 | 2 | 9 | 8 | 5 | 1 | 3 |
| 1 | 3 | 9 | 7 | 6 | 5 | 4 | 8 | 2 |
| 8 | 5 | 2 | 3 | 4 | 1 | 7 | 9 | 6 |
| 5 | 9 | 7 | 8 | 1 | 2 | 6 | 3 | 4 |
| 6 | 4 | 8 | 5 | 3 | 9 | 1 | 2 | 7 |
| 3 | 2 | 1 | 6 | 7 | 4 | 8 | 5 | 9 |

## 42

| 4 | 5 | 6 | 7 | 2 | 1 | 3 | 9 | 8 |
|---|---|---|---|---|---|---|---|---|
| 1 | 9 | 2 | 8 | 4 | 3 | 7 | 6 | 5 |
| 7 | 3 | 8 | 5 | 9 | 6 | 2 | 4 | 1 |
| 2 | 7 | 3 | 4 | 1 | 9 | 8 | 5 | 6 |
| 6 | 4 | 5 | 2 | 7 | 8 | 9 | 1 | 3 |
| 8 | 1 | 9 | 3 | 6 | 5 | 4 | 7 | 2 |
| 5 | 2 | 7 | 1 | 3 | 4 | 6 | 8 | 9 |
| 9 | 8 | 4 | 6 | 5 | 2 | 1 | 3 | 7 |
| 3 | 6 | 1 | 9 | 8 | 7 | 5 | 2 | 4 |

## 43

| 6 | 3 | 5 | 4 | 2 | 7 | 8 | 1 | 9 |
|---|---|---|---|---|---|---|---|---|
| 7 | 8 | 1 | 5 | 3 | 9 | 2 | 6 | 4 |
| 4 | 9 | 2 | 1 | 8 | 6 | 3 | 7 | 5 |
| 3 | 6 | 9 | 8 | 1 | 2 | 4 | 5 | 7 |
| 2 | 1 | 7 | 6 | 4 | 5 | 9 | 8 | 3 |
| 8 | 5 | 4 | 7 | 9 | 3 | 1 | 2 | 6 |
| 5 | 2 | 3 | 9 | 7 | 1 | 6 | 4 | 8 |
| 1 | 7 | 8 | 3 | 6 | 4 | 5 | 9 | 2 |
| 9 | 4 | 6 | 2 | 5 | 8 | 7 | 3 | 1 |

## 44

| 8 | 6 | 5 | 3 | 9 | 4 | 7 | 1 | 2 |
|---|---|---|---|---|---|---|---|---|
| 7 | 1 | 2 | 8 | 5 | 6 | 3 | 9 | 4 |
| 4 | 3 | 9 | 1 | 2 | 7 | 5 | 8 | 6 |
| 6 | 9 | 1 | 2 | 8 | 3 | 4 | 7 | 5 |
| 2 | 4 | 8 | 7 | 1 | 5 | 6 | 3 | 9 |
| 3 | 5 | 7 | 4 | 6 | 9 | 1 | 2 | 8 |
| 5 | 2 | 4 | 9 | 7 | 1 | 8 | 6 | 3 |
| 9 | 7 | 6 | 5 | 3 | 8 | 2 | 4 | 1 |
| 1 | 8 | 3 | 6 | 4 | 2 | 9 | 5 | 7 |

## 45

| 9 | 4 | 3 | 1 | 7 | 8 | 6 | 5 | 2 |
|---|---|---|---|---|---|---|---|---|
| 7 | 1 | 6 | 5 | 2 | 3 | 9 | 4 | 8 |
| 2 | 8 | 5 | 9 | 6 | 4 | 3 | 7 | 1 |
| 3 | 5 | 2 | 4 | 8 | 9 | 1 | 6 | 7 |
| 1 | 7 | 9 | 3 | 5 | 6 | 8 | 2 | 4 |
| 4 | 6 | 8 | 7 | 1 | 2 | 5 | 3 | 9 |
| 5 | 9 | 1 | 2 | 3 | 7 | 4 | 8 | 6 |
| 6 | 3 | 7 | 8 | 4 | 1 | 2 | 9 | 5 |
| 8 | 2 | 4 | 6 | 9 | 5 | 7 | 1 | 3 |

## 46

| 3 | 9 | 7 | 1 | 2 | 8 | 6 | 5 | 4 |
|---|---|---|---|---|---|---|---|---|
| 4 | 6 | 2 | 3 | 9 | 5 | 8 | 1 | 7 |
| 5 | 8 | 1 | 6 | 4 | 7 | 3 | 9 | 2 |
| 9 | 2 | 8 | 7 | 5 | 6 | 1 | 4 | 3 |
| 7 | 4 | 5 | 2 | 1 | 3 | 9 | 8 | 6 |
| 1 | 3 | 6 | 9 | 8 | 4 | 7 | 2 | 5 |
| 2 | 7 | 4 | 8 | 3 | 9 | 5 | 6 | 1 |
| 8 | 1 | 3 | 5 | 6 | 2 | 4 | 7 | 9 |
| 6 | 5 | 9 | 4 | 7 | 1 | 2 | 3 | 8 |

| 9 | 6 | 3 | 1 | 8 | 7 | 2 | 4 | 5 |
| 1 | 7 | 5 | 4 | 9 | 2 | 6 | 3 | 8 |
| 4 | 8 | 2 | 3 | 5 | 6 | 7 | 1 | 9 |
| 2 | 5 | 1 | 7 | 3 | 8 | 4 | 9 | 6 |
| 7 | 3 | 4 | 6 | 1 | 9 | 8 | 5 | 2 |
| 6 | 9 | 8 | 2 | 4 | 5 | 1 | 7 | 3 |
| 5 | 4 | 7 | 8 | 6 | 3 | 9 | 2 | 1 |
| 8 | 2 | 9 | 5 | 7 | 1 | 3 | 6 | 4 |
| 3 | 1 | 6 | 9 | 2 | 4 | 5 | 8 | 7 |

**48**

| 2 | 3 | 4 | 1 | 9 | 5 | 6 | 7 | 8 |
| 9 | 1 | 6 | 3 | 8 | 7 | 5 | 4 | 2 |
| 5 | 7 | 8 | 4 | 6 | 2 | 1 | 3 | 9 |
| 3 | 9 | 5 | 2 | 7 | 1 | 4 | 8 | 6 |
| 6 | 2 | 1 | 8 | 4 | 3 | 9 | 5 | 7 |
| 8 | 4 | 7 | 9 | 5 | 6 | 2 | 1 | 3 |
| 1 | 8 | 2 | 5 | 3 | 9 | 7 | 6 | 4 |
| 7 | 5 | 3 | 6 | 2 | 4 | 8 | 9 | 1 |
| 4 | 6 | 9 | 7 | 1 | 8 | 3 | 2 | 5 |

| 8 | 1 | 2 | 3 | 6 | 9 | 4 | 7 | 5 |
| 3 | 9 | 6 | 7 | 4 | 5 | 2 | 8 | 1 |
| 7 | 5 | 4 | 8 | 2 | 1 | 6 | 3 | 9 |
| 2 | 7 | 1 | 6 | 9 | 8 | 5 | 4 | 3 |
| 6 | 8 | 9 | 4 | 5 | 3 | 1 | 2 | 7 |
| 4 | 3 | 5 | 2 | 1 | 7 | 9 | 6 | 8 |
| 1 | 4 | 7 | 9 | 8 | 2 | 3 | 5 | 6 |
| 9 | 2 | 8 | 5 | 3 | 6 | 7 | 1 | 4 |
| 5 | 6 | 3 | 1 | 7 | 4 | 8 | 9 | 2 |

## 50

| 7 | 5 | 4 | 9 | 2 | 1 | 3 | 8 | 6 |
| 6 | 8 | 1 | 4 | 3 | 7 | 9 | 2 | 5 |
| 2 | 3 | 9 | 6 | 8 | 5 | 1 | 4 | 7 |
| 3 | 6 | 8 | 5 | 9 | 2 | 4 | 7 | 1 |
| 9 | 2 | 5 | 1 | 7 | 4 | 6 | 3 | 8 |
| 1 | 4 | 7 | 3 | 6 | 8 | 2 | 5 | 9 |
| 4 | 7 | 2 | 8 | 1 | 6 | 5 | 9 | 3 |
| 5 | 9 | 6 | 7 | 4 | 3 | 8 | 1 | 2 |
| 8 | 1 | 3 | 2 | 5 | 9 | 7 | 6 | 4 |

## 51

| 4 | 6 | 7 | 9 | 8 | 5 | 1 | 2 | 3 |
| 1 | 5 | 2 | 6 | 4 | 3 | 9 | 8 | 7 |
| 8 | 3 | 9 | 2 | 7 | 1 | 5 | 6 | 4 |
| 7 | 1 | 6 | 4 | 5 | 2 | 3 | 9 | 8 |
| 2 | 9 | 3 | 8 | 6 | 7 | 4 | 1 | 5 |
| 5 | 8 | 4 | 1 | 3 | 9 | 6 | 7 | 2 |
| 9 | 4 | 1 | 3 | 2 | 8 | 7 | 5 | 6 |
| 3 | 2 | 5 | 7 | 9 | 6 | 8 | 4 | 1 |
| 6 | 7 | 8 | 5 | 1 | 4 | 2 | 3 | 9 |

## 52

| 4 | 1 | 9 | 5 | 7 | 3 | 6 | 8 | 2 |
| 8 | 5 | 2 | 6 | 9 | 1 | 7 | 3 | 4 |
| 7 | 3 | 6 | 8 | 4 | 2 | 9 | 1 | 5 |
| 9 | 4 | 3 | 2 | 8 | 5 | 1 | 6 | 7 |
| 1 | 8 | 5 | 7 | 3 | 6 | 4 | 2 | 9 |
| 2 | 6 | 7 | 4 | 1 | 9 | 3 | 5 | 8 |
| 3 | 9 | 8 | 1 | 2 | 4 | 5 | 7 | 6 |
| 5 | 7 | 1 | 9 | 6 | 8 | 2 | 4 | 3 |
| 6 | 2 | 4 | 3 | 5 | 7 | 8 | 9 | 1 |

| 9 | 2 | 3 | 1 | 5 | 4 | 8 | 6 | 7 |
|---|---|---|---|---|---|---|---|---|
| 5 | 6 | 1 | 8 | 3 | 7 | 4 | 2 | 9 |
| 4 | 8 | 7 | 2 | 9 | 6 | 5 | 3 | 1 |
| 1 | 5 | 9 | 7 | 8 | 2 | 6 | 4 | 3 |
| 8 | 7 | 4 | 9 | 6 | 3 | 1 | 5 | 2 |
| 2 | 3 | 6 | 4 | 1 | 5 | 9 | 7 | 8 |
| 7 | 4 | 8 | 6 | 2 | 1 | 3 | 9 | 5 |
| 3 | 1 | 2 | 5 | 4 | 9 | 7 | 8 | 6 |
| 6 | 9 | 5 | 3 | 7 | 8 | 2 | 1 | 4 |

## 54

| 2 | 9 | 5 | 3 | 8 | 1 | 6 | 7 | 4 |
|---|---|---|---|---|---|---|---|---|
| 8 | 3 | 6 | 4 | 2 | 7 | 5 | 9 | 1 |
| 1 | 4 | 7 | 5 | 9 | 6 | 2 | 8 | 3 |
| 5 | 8 | 2 | 9 | 7 | 4 | 3 | 1 | 6 |
| 9 | 6 | 1 | 8 | 3 | 5 | 7 | 4 | 2 |
| 4 | 7 | 3 | 1 | 6 | 2 | 9 | 5 | 8 |
| 3 | 5 | 8 | 2 | 4 | 9 | 1 | 6 | 7 |
| 7 | 2 | 9 | 6 | 1 | 8 | 4 | 3 | 5 |
| 6 | 1 | 4 | 7 | 5 | 3 | 8 | 2 | 9 |

## 55

| 7 | 4 | 3 | 1 | 9 | 5 | 8 | 6 | 2 |
|---|---|---|---|---|---|---|---|---|
| 2 | 8 | 5 | 7 | 6 | 3 | 1 | 9 | 4 |
| 6 | 1 | 9 | 4 | 8 | 2 | 3 | 7 | 5 |
| 9 | 6 | 8 | 3 | 4 | 7 | 2 | 5 | 1 |
| 3 | 7 | 1 | 2 | 5 | 9 | 4 | 8 | 6 |
| 5 | 2 | 4 | 8 | 1 | 6 | 9 | 3 | 7 |
| 1 | 9 | 2 | 6 | 7 | 8 | 5 | 4 | 3 |
| 4 | 5 | 6 | 9 | 3 | 1 | 7 | 2 | 8 |
| 8 | 3 | 7 | 5 | 2 | 4 | 6 | 1 | 9 |

## 56

| 3 | 2 | 5 | 1 | 6 | 8 | 4 | 9 | 7 |
|---|---|---|---|---|---|---|---|---|
| 9 | 7 | 8 | 2 | 4 | 5 | 6 | 3 | 1 |
| 1 | 4 | 6 | 7 | 3 | 9 | 8 | 5 | 2 |
| 7 | 5 | 4 | 6 | 2 | 3 | 1 | 8 | 9 |
| 8 | 1 | 2 | 9 | 5 | 4 | 7 | 6 | 3 |
| 6 | 3 | 9 | 8 | 7 | 1 | 2 | 4 | 5 |
| 2 | 9 | 7 | 3 | 8 | 6 | 5 | 1 | 4 |
| 4 | 8 | 1 | 5 | 9 | 7 | 3 | 2 | 6 |
| 5 | 6 | 3 | 4 | 1 | 2 | 9 | 7 | 8 |

| 4 | 1 | 2 | 8 | 7 | 6 | 5 | 9 | 3 |
|---|---|---|---|---|---|---|---|---|
| 5 | 8 | 9 | 4 | 3 | 1 | 2 | 6 | 7 |
| 6 | 3 | 7 | 5 | 9 | 2 | 8 | 4 | 1 |
| 1 | 5 | 3 | 7 | 6 | 8 | 4 | 2 | 9 |
| 7 | 4 | 8 | 3 | 2 | 9 | 1 | 5 | 6 |
| 9 | 2 | 6 | 1 | 5 | 4 | 3 | 7 | 8 |
| 3 | 6 | 5 | 2 | 1 | 7 | 9 | 8 | 4 |
| 8 | 9 | 1 | 6 | 4 | 5 | 7 | 3 | 2 |
| 2 | 7 | 4 | 9 | 8 | 3 | 6 | 1 | 5 |

**58**

| 2 | 7 | 3 | 8 | 4 | 1 | 9 | 6 | 5 |
|---|---|---|---|---|---|---|---|---|
| 5 | 6 | 4 | 3 | 9 | 2 | 8 | 1 | 7 |
| 8 | 9 | 1 | 5 | 6 | 7 | 4 | 3 | 2 |
| 9 | 4 | 7 | 1 | 3 | 5 | 2 | 8 | 6 |
| 6 | 1 | 2 | 7 | 8 | 4 | 5 | 9 | 3 |
| 3 | 8 | 5 | 9 | 2 | 6 | 1 | 7 | 4 |
| 7 | 3 | 8 | 2 | 5 | 9 | 6 | 4 | 1 |
| 4 | 5 | 9 | 6 | 1 | 3 | 7 | 2 | 8 |
| 1 | 2 | 6 | 4 | 7 | 8 | 3 | 5 | 9 |

## 59

| 8 | 4 | 7 | 2 | 1 | 3 | 5 | 6 | 9 |
|---|---|---|---|---|---|---|---|---|
| 3 | 9 | 6 | 7 | 4 | 5 | 8 | 1 | 2 |
| 1 | 2 | 5 | 8 | 9 | 6 | 4 | 3 | 7 |
| 5 | 8 | 4 | 6 | 3 | 7 | 2 | 9 | 1 |
| 6 | 3 | 1 | 9 | 8 | 2 | 7 | 5 | 4 |
| 2 | 7 | 9 | 4 | 5 | 1 | 3 | 8 | 6 |
| 9 | 5 | 2 | 1 | 7 | 8 | 6 | 4 | 3 |
| 4 | 6 | 8 | 3 | 2 | 9 | 1 | 7 | 5 |
| 7 | 1 | 3 | 5 | 6 | 4 | 9 | 2 | 8 |

## 60

| 6 | 9 | 2 | 8 | 3 | 1 | 5 | 4 | 7 |
|---|---|---|---|---|---|---|---|---|
| 1 | 7 | 3 | 4 | 9 | 5 | 2 | 8 | 6 |
| 5 | 8 | 4 | 6 | 7 | 2 | 9 | 1 | 3 |
| 3 | 1 | 7 | 5 | 6 | 9 | 8 | 2 | 4 |
| 9 | 2 | 8 | 3 | 4 | 7 | 6 | 5 | 1 |
| 4 | 6 | 5 | 1 | 2 | 8 | 7 | 3 | 9 |
| 2 | 4 | 1 | 9 | 8 | 6 | 3 | 7 | 5 |
| 8 | 5 | 9 | 7 | 1 | 3 | 4 | 6 | 2 |
| 7 | 3 | 6 | 2 | 5 | 4 | 1 | 9 | 8 |